Heinrich Hermes

Plötzlich liegt da Sprache rum

© 2013 Heinrich Hermes
www.heinrich-hermes.com
© Nachwort: Günther Rösch, Berlin
Herstellung und Verlag
BOD — Books on Demand, Norderstedt
ISBN 978-3-73224-771-4

Für Ruth

unaufgefordert

kommen sie

daher

die Worte

stolpernd

und noch

kein Paar

Davor

ohne Schwarz

ohne Weiss

geträumt

in Grau

Lampenfieber

zu viel

A

zu viel

B

zu viel

C

zu viel

auf

engstem

Raum

An der Bar

1

aus dem

Kühlschrank

ihre Worte

glasklar

Wärme

verschlossen

Zärtlichkeit

dahin

An der Bar

2

mit einer

Frage

mit einem

Satz

vom Tisch

Ansicht Bein

der Abend

hier und dort

flüchtig

die Miete in der Tasche

nachdem die Suppe

verschüttet

drinnen wartend

draussen

die(se) Beine

Spaziergang

Spaziergang

mit einer

Wade

davor

ihr zugehört

ihr zugesehen

Erster Schnee

1

erster Schnee

im Januar

er hätte meiner sein können

er hätte ihrer sein können

das Teilen nicht mehr möglich

was bleibt

wie jedes Jahr

erster Schnee

Erster Schnee

2

nur ein Wort

von ihr

mit Ansatz Schnee

der Wind gedreht

ein Wort

mit Ansatz Schnee

Freude

ein wenig

ein wenig Freude

ein wenig

Das Andere für Anfänger

die

Einkaufskörbe

dort

alle rot

bis auf

den einen

Erlöse

die Schuhe zum Schuster

das Gemüse auf den Tisch

nichts von alledem

Bar

wie immer

sitzt sie

da

an der Bar

durchtränkt

von

Langeweile

Ampel

1

das Tanzen

auf

der Kreuzung

Morgendämmerung

in Rot

Ampel

2

zartes

Rot

zartes

Nein

Das Gegenüber

1

das Gegenüber

durch den Ort
Spiegel dort
an jedem Ort

Aufbruch

1

kein Gedanke an ein Gehen
bevor das Neue ...
das Schöne ihr zufiel

so sass die dort
bis letztes Blatt
und Anfang Schnee

Über die Freundschaft

wer über die

Freundschaft spricht

sagt es so

wie immer

ging er aus dem Haus

mit einer Pflaume

und nicht so

nie ging er aus dem

Haus

ohne (eine) Pflaume

Der Bote

heute morgen
nach erholsamer Nacht
mit klarem Blick

selbst Frau Friebe
nicht blass
eher ein wenig farbgeschichtet

der Bote in Schwarz / Weiss
die Farbe auf den Tisch

zu schwach
nach diesen Treppen
um an etwas anderes
beim Anblick
und diesem Tisch
zu denken

Therapie

als erstes

das Ohr geschnitten

die Haare lang

das Auge ausgestochen

das andere auch

von einer Maske wurde abgeraten

eine Brille tat es auch

mit dem Faden

der da lag

der Mund

weiteres wurde hier nicht erwähnt

Olympiade der Magersucht

das Asketische an ihr
nicht die eigenhergestellte Masse

die Idee ein Rennen zu beginnen
vielleicht die Frische anzuspringen
vergeblich

nach kurzer Zeit gestellt
von Öl und Tran umstellt

Krähe

auf der Rinne torkelnd

aus den Kanaldeckeln

mit aller Macht

und unerbittlich

drängen sie hervor

der Worte Freundlichkeit

Massennettigkeit

Taube auf der Autobahn

graublau der Tag

die Fahrbahn nicht vertraut

ihr Blick

erstaunt

kein Unheil ahnend

am Linienende

der Blick gehoben

starr

(vielleicht) mit letzter Frage

das Grauen ohne Bild

zerfetzt und

Ende

Verlust (Vorahnung)

kein Bein

kein Wiegen

kein Flattern

nur Ölfleck in der Bucht

Parkbucht

daneben schwarze Kuppe

Fingerkuppe

Neues Land mit IV im Wappen

dort niemand

an die Grenzen stösst

wo Bäche begradigt

langsam fliessen

wo in Alleen geschnitten Bäume

ruhig und gerade stehn

wo keine Böe das Haar zerzaust

wo Wüste wird vermieden

wo lieblich Musik

den Geist bereist

das Hirn vereist

Die Gewalt des Gewöhnlichen

schau nicht nach Brittn

wo Rotschopf

dreimal rot

der Prinz nur Lümmel

schau nicht nach

Sarde und Italia

wo Altes auf das Junge springt

schenk ihm kein Alphabet

verwehr ihm 30 schöner Form

geh an den Ort

und schreibe dort

fort

fort

Das Vermissen

massig

und sich dumpf beschreibend

körperlich in seiner Form

eigen

umgeben von

Herz

Niere

Leber

und dort für sich

Aufbruch

2

vertraut ihr Blick

in diese schmalen Gänge

wo vereinzelt

gelb grün

die Stühle

grau blau

und gegenüber

still

Das Gegenüber

2

das Gegenüber

bleibt vorerst

verborgen

Nachwort

Gedankenaustausch mit H.H.

Anfänglich war der Arbeitsprozeß, einzelne Worte oder Wortgruppen zu stempeln. Statt Bildtitel zu sein, nimmt die Sprache den Raum des Bildes ein. Die Worte werden Sequenz, eine Bilderfolge. Das Erlebte ist zerlegt in Bilder, für die Worte stehen. Kein Funken Phantasie, nur Beobachtung und dahinter Gefühl. Sprache mit Bildwirkung steht da. Sprache, die für sich dasteht und wirkt, wie in anderen, bildnerischen Arbeiten. Und: es gibt eine Lust an der Sprache, die noch etwas anderes (klar: eine andere Lust) transportiert; Kunststück, bei diesem Namen.

Die Worte zeigen etwas, was man nicht (oder nur schwer?) fotografieren oder abbilden kann. Oder das, was man als Bild dann hätte, wäre etwas zwischen Klischee und Kitsch. Kann aber auch schön sein. Der Abstand der Buchstaben und der Worte, „spatium", ist ein anderer Spielraum als die Tiefenschärfe im Foto oder die Perspektive in einer Zeichnung.

Dieser Spielraum ist erarbeitet mit und in einem anderen Medium. Wie kommt man dazu? Einfach anfangen, experimentieren, das verwenden, was da ist.

Der Augenblick des Gedichts, der Moment, ist eine Situation. Die Situation im Gedicht ist ein Augenblick, das Gesehene. Jeweils geht das eine in das andere über. Kann man sagen, die Worte stehen und entstehen an diesem Übergang? Kopfschütteln. Wer weiß das schon. Und wann ist ein Gedicht oder ein Textgebilde fertig? Wenn es dasteht und den Eindruck von Präzision vermittelt, der nicht gesteigert werden kann. Vielleicht stimmt dieser Satz: „die notwendige folge des einen aus dem anderen kennzeichnet erst die dichtung". Und wenn die Wortstellung eine Frage aufwirft? Letzthin entscheidet das Gefühl. Das Gedicht ist eine Metapher für Liebe oder für ein anderes starkes Gefühl. Das Gefühl hat seinen Spielraum in dem Abstand der Worte.

                        Günther Rösch

Inhalt

Davor	8
Lampenfieber	10
An der Bar 1	12
An der Bar 2	14
Ansicht Bein	16
Spaziergang	18
Erster Schnee 1	20
Erster Schnee 2	22
Freude	24
Das Andere für Anfänger	26
Erlöse	28
Bar	30
Ampel 1	32
Ampel 2	34
Das Gegenüber 1	36
Aufbruch 1	38
Über die Freundschaft	40
Der Bote	42
Therapie	44
Olympiade der Magersucht	46
Krähe auf der Rinne torkelnd	48
Taube auf der Autobahn	50
Verlust (Vorahnung)	52
Neues Land mit IV im Wappen	54
Die Gewalt des Gewöhnlichen	56
Das Vermissen	58
Aufbruch 2	60
Das Gegenüber 2	62
Nachwort	64